서영수 시집

바람의 고향

서영수 시집

바람의 고향

도서출판 계간문예

자서(自序)

시인이 시를 쓰는 일은 괴로운 일이다.

어머니가 자식을 잉태하여 고통 끝에 분만하고 길러서 세상에 내놓는 정신적인 인간사가 바로 이것이다.

자녀를 낳아 시집보내는 어머니 심정은 늘 불안하고 걱정스럽다. 칠삭둥이가 되지 말고 번듯하게 활보하는 생명체가 되기를 바라는 혼주의 마음이기 때문이다.

소년 시절부터 시詩를 모르면서 시에 반하여 놓지 못하고 남은 날이 얼마 없는 오늘까지 칠십 평생 헐적거리고 있으니 정말 부끄러운 생각이 앞선다.

그러나 나의 시는 누가 뭐래도 나의 시, 어설픈 나를 닮은 한평생 5백여 편의 시. 나의 자식 같은 것들이라 버릴 수 없어 노산老産의 산실産室 창을 열고 후에 쓴 시들을 내보낸다.

영생永生하는 작품 나오기를 바라 나는 죽는 날까지 시를 쓸 것이다. 실로 이것은 숙명일지도 모른다.

평생 지방이 좋아 고향 경주가 좋아 고집하여 살아 온 오늘을 나는 후회하지 않는다.

언제나 내 것은, 눈치 볼 필요 없는 내 것이니까.

늦깎이 이 시집 나오기까지 독려해 주신 문우文友 여러분과 특히 해설을 맡아 빛을 주신 조병무 시인, 그리고 정성스런 편집에 노고를 아끼지 않으신 작가 백시종님께 감사드린다.

2011년 1월
저자(著者)

차 례

2부 — 광대의 사진

3부 — 바람의 고향

4부 — 에밀레 종소리

5부 — 인상기印象記

1부

계절의 그림자

아지랑이

아지랑이는 글씨였어
돌아앉은 겨울 숲 흙 위에 써 온
유아어幼兒語
겨우내 먹은 귀를 간질이는 소리
일제히 일어서는 글씨였어.

봄이 온다는 사연을
철자법 없이 써 올리는
파아란 연하장

부푼 가슴 물오르는 소리
온 들판에 적어오는
머리 푼 계집년의
손가락 같은 글씨였어.

봄날

창을 여니
하늘이 돌을 던지네.

온통 정수리에 맞아
피투성이가 된
꽃.

그 돌무더기를 덮는
봄비 소리
똑똑 입을 열고

겨우내 잠재운
울분
희끗 비끗
온 들판을 휘저어
터뜨리네.

봄을 몰라

봄을 몰라
봄을 몰라
아무리 생각해도
나는 봄을 몰라

진달래 개나리 벚꽃들이 한통속 되어
야단스레 흐드러지게 웃어 젖혀도
먼지 낀 세상, 황사바람에
눈이 멀고 귀가 먹어
우리는 봄을 몰라

하늘 향해 내뱉는
동그라미 감탄사로
썩은 물속 고기 떼가
아기미를 그려 놓고
임종臨終의 유서遺書를 띄우는 강변.

이편 저편에 선
우리는 봄을 몰라
나는 정녕 봄을 몰라

춘경春景

친정에서 돌아오는
여인의 치맛자락
펄럭이는 소리

먼 산 넘어서는
저 개울물

겨우내 빈자리
채우는 햇살

산이마에 써 온
낙서 한 줄
온몸으로 지워내는
버들가지

부처님 깨우는
목탁 가락에
앞서거니 뒤서거니
일어서는 산.

새순

가지 끝에 맴도는 서러운 눈매
나의 아기 아가야.

동구洞口밖 바람소리 한 귀 가득 담고
이제는 돌아와
키만큼 빈자리 살결로 채우는
나의 아기 아가야.

수줍어 가슴 뛰는 체온도 있으련만
미풍에 알몸 맡기고 떨고 있는 속삭임.

겨울 내의內衣 벗는 봄날 아침
새삼 눈에 띈 내 배꼽처럼
열리는 대지大地가 안쓰러워
동공瞳孔에 불 켜 들고 돌아선 아가야.

듣고도 알지 못하는
유아어幼兒語 한 소절
감추었다 들키는
입술 떠는 아기야.

개화開花

햇가지를 타고 앉은
왕자의 입술

신생 제국의
국호를 터뜨린다.

북소리 둥둥, 공중 가득히
궁녀들의 치맛자락 땅을 덮는다

뾰족이 내미는 빨간 혀 끝
입 맞춘 가시네의 소리 없는 밀어密語다.
여섯 살 적 소꿉질에
혼인한 나의 색시

가마 타고 나오는
궁궐 문이 열린다.

꽃(2)

색色과 향香으로
임을 부르고 나서는
너는 언제나 말이 없다.

말에 씨가 터서
수다스러운 세상
말에 발이 돋쳐
분주히 오가는 지상地上
둥 둥 둥 떠나면서
죄다 눈 아래 두고.

벌을 불러 눈짓하고
나비를 불러 연서戀書를 전하는
은밀한 너의 궁전.

임의 음성 꽃술에 달아
햇살처럼 펴는 소리 없는 말씀.

밤과 낮이 구르는
이 바람 밭에 아침을 여는
너는 분명 원색原色 바람.

감꽃

초록 궁전이라고 감탄하던
오월 저녁답.
감나무 아래 서니
감꽃이 눈물처럼 진다.

어머니 젖꼭지를 나에게 빼앗겨
마당귀에 엎드려 나절을 울던
내 누이의 부푼 눈꺼풀.

감꽃이 눈물처럼 진다.

향수鄕愁

아래홈배기 논두렁을 따라가는 실개천에
봄 햇살이 반짝 반짝 흘러내리면
뒷집 '달이' 형 나뭇길 따라
할 일 없이 종종 산으로 갔다. 자그만 놈이.

그때 내 눈 속엔
산도 아닌 산 겨우 앞 동뫼
앞집 '자야' 의 부끄럼 같은 진달래가 좋아
'자야' 도 없이 초봄이면 산으로 갔다. 나어린 놈이.

등선에 서면 날 둘러싸고 잎 피우는 꿀밤 나무
잠 덜 깬 눈썹 위로 머문 하늘에
보기 힘든 철뱅이 비행기
머리 위에 빙빙 날 부르며 떴다. 커다란 놈이

연정戀情

말 많은 세상
감추어 적어 온
중학교 일기장 책갈피 속에
숨었다가 일어서는
뒷집 순이
그 보조개 짓는 음성을 듣는다.

색실처럼 풀어내는
속삭이는 고백
보듬었던 속살이 터진다.

가을 낚시터

찌 끝에
가을 햇살이 맺혀
졸고 있다
가끔 고추잠자리로 날다가
돌아와 졸고 있다.

수면 위에 내려앉은
쪽빛 하늘
흰 구름 몇 장
추억처럼 연鳶을 띄우는
가을 낚시터

생명을 퉁기는
지렛대를 꽂고
미지의 마을에
연실을 풀고 있다.

잡는 자와 잡히는 자
죽는 자와 죽이는 자가
연실을 타고 바둥거리는
바람 부는 세상

빗장이 걸려있다.

낚시대 끝에 대롱거리는
나는 눈이 먼 삐에로
그을린 손마디로 빗장을 열고 있다.

매미소리

내가 제법
시詩를 쓴다고
어림없는 소리

쑥대밭에
노을이 져
태양이 뒹구는
흉내를 내듯
시심詩心 근처를
적시는 강물만
멍청히 보고 있으면서
어디, 시詩를 쓴다고.

매미 우는 여름
더위를 식힐 때
매미 소리가
바로 시詩인 것을.

이제 겨우 알 듯 말 듯
어림없는 소리.

풀

풀은 거짓 없이 났다가
풀은 거짓 없이 죽는다.

풋성귀는 조건 속에 났다가
풋성귀는 조건을 헐고 죽는다.

무조건 났다가
무조건 죽는 잡풀도
무색無色의 습도를 늘 지니고 있는
흙 속에 묻힌다.
아니, 흙이 된다.

풀은 흙에서 나서
바람을 맞아 흔들리다가
잎과 꽃을 피우고
절기의 눈짓처럼 말없이 진다.

조건을 모르면서 조건을 따지고
조건을 알면 무조건이 되는 풀도
꽃이 진 자리 씨앗의 아방궁을 알고
허공의 한 정점 열매의 무게를 풀고 있다.

그저, 늙어서 손등에 드러나는
새삼스런 힘줄 같은 것
어찌 그것만 탓하랴.

달맞이 꽃

너 곁에 서면
연인戀人의 속옷 냄새가 난다.

유년幼年의 소곱질에 토라졌던
분이의 한숨 소리가 난다.

너 곁에 서면
외등 들고 마중 나온
귀로歸路의 간이역 시그널을 만나고

기억의 차창 밖에 쏟아진
족두리 같은 별빛
머리에 이고
주름진 내 얼굴 그래도 만지며
돌아가는 길

너 곁에 서면
시집가서 쫓겨 온
분이의 속옷 냄새가 난다.

낙화落花 (1)

꽃은 져도
지는 것이 아니다

비록 유혈流血이 낭자한
처참한 골짝일지라도
피 흘린 땅에 사연이 없을소냐

오물은 태워서
버려야 하는 세상

바람이 몰고 온 전장戰場의
탄피 냄새와
장마가 갖고 온
부패의 곰팡이들이
홍염紅焰을 삼키며
춤을 추는 날

가지 끝에 등燈을 다는 열매의 눈으로
쓰러지는 왕조의 역사를 쓰는
묵향墨香보다 진한
글씨인 것을.

낙화落花 (2)

각혈 현장
슬프지 않은 까닭은

피를 흘려도 슬프지 않고
피를 뱉어도 추하지 않은 것은

자정미사에 성수 뿌리듯
떨어지는 저 눈물

임종의 입술 말문 닫히고
마지막 숨소리 뜰을 덮는데

꽃대
머리 깎고
상인喪人으로 섰다.

낙화落花 (3)

한 여름 지나온 알몸의 사연을
빈 땅에 쓰는 자필 이력서

한 장 한 장 고백하는
붉은 혓바닥
공중에 한들한들 바람 타고
떨어진다.

벌들이 쑤셔버린
가슴앓이로
뚝뚝 떨어지는 살결.

정조 잃은 계집년의
숨겨 온 눈물이다.

겨울나무

구름장
뚫는
외로운
눈.

바람소리
새소리
하늘 쏘고
날아간
화살
촉.

대머리에
남은
흰 머릿칼
몇 개
휘어잡고

관冠을 던진
패장牌將의
손.

바람소리

바람이 분다
문을 닫을수록
문 밖을 온통 점령하는
바람소리.

날 부르는 수만의 얼굴이
일기장에 숨겨 둔
자화상自畵像을 흔들며
나의 방을 에워싸는 소리.

창지窓紙 구멍에
외눈을 대고
시선視線을 화살처럼 꽂으면
바람은 형체 없는
병영兵營을 이루어
나를 태우고 달리는
군마軍馬가 된다.

2부

광대의 사진

광대의 사진

놓아 주지 않은
너와 나 사이
강철 같이 튕기는
핏빛 무지개 위에
유년幼年의 잇발처럼
빠져버린 공간空間을
겨우 이름 석자로 채우는 일상日常.

너는 나를
나는 너를
놓아 주지 않은
우리는 모두
줄 타는 광대.

평행平行의 밧줄에 달려
바람에 나부끼는
원색原色의 사진을 보아라
풋 잎으로 돋다가, 더러는
낙엽으로 눕는
정오正午의 시침時針에 떨고 있는 빛

울음과 웃음을 다발처럼 쥐고
놓지 못하는 외줄 선상線上
줄이 꽂힌 발가락 사이사이
피면서 지는 빨간 노을
내가 웃으면 네가 운다
네가 웃으면 내가 운다.

피안彼岸의 강가에서

죽어가는 자者여
죽는다고 하지 말라.

살아가는 자者여
살았다고 믿지 말라.

죽음과 삶의 둔덕을
언제나 잇고 있는
짙푸른 강물에 몸을 맡겨라.
바람에 돛을 돌리며
돛배 띄운 나를 향해
강물에 떠내려가며 손짓한
나의 가난한 그림자여.
똑똑한 사공은 뱃전에서
무엇을 건져 올리고
무엇을 풀어내지만
나는 바람개비처럼
먹은 나이만 되씹고 있네.

죽어가는 자者여
살아가는 자者여

물 따라 이어지는 강둑에 집을 짓는 자者여
저 피안彼岸의 갈대숲에
외롭게 내린 햇살이 뵈거던
빗장 꽂힌 당신의 문에
이름 석자 문패를 만져보라.

계단을 오르며

계단을 오르다가 내려다보는 순간
올라온 만큼 내려간 나의 눈은
살아온 만큼 멀어져 간
나의 그림자를 만난다.

이름 석자 두고 떠날
고향 간이역 출찰구에서
내 투박한 사투리를 차표처럼 적어 들고
삼등 열차가 지나간
낯익은 역사驛舍의 벤치로
우루루 모여드는 그림자들.

그들이 나를 향해 손짓하면
나는 어쩔 줄 모르는 피에로가 되어
또 한 계단을 오르고
내가 그들을 부르면
그들은 돌아선 붉은 불 시그널
계단 없는 선로線路만 지킨다.

올라도 올라도 끝을 모르는 나는

먹어서 헛배부른 나이만 토해 놓고
날 닮은 내 그림자만 바라보는
나는 외로워
닫힌 문, 열쇠구멍 같이 입을 여는
흰 머리털을 뽑고 있으면
동구洞口밖 갈대숲이
전신 하얀 머리를 흔들며 나를 찾는데
계단을 오르다가 내려다보는 순간
나는 하늘 향한 가지 끝, 깡마른 겨울 과일.
알몸 그대로 허공에 떠서
오른 만큼 멀어져 간
그림자만 부른다.

허수아비

나의 땅은
고작 두어 평.

평생 측량을 하고
경작을 해도

내가 갖고 갈 땅은
겨우 두어 평

벼이삭 출렁이는
황금벌판
나는 그 속에 선
외로운 허수아비

날아가는 새에게도
거짓말을 한다
모두가 내 것이라고
모두가 내 땅이라고

나의 땅은
고작 두어 평인데.

저녁 우체국

어머니 임종臨終 앞에서

달포 전부터 어머니는
저승말로 자서전을 쓰셨습니다.

내가 곁에 가면
저승의 도랑물인지
희멀건 눈물을 보이시고
헐적 헐적 형체도 없는 글씨만 쓰셨습니다.

시집 온 열여덟 살에
함函에 넣은 예장지禮狀紙
평생 필사체로 베껴 둔
고담. 춘향전. 심청전
뒷글로 익혀 온 오사바사한 그 글씨.

두고도 부칠 길 없는
문 닫힌 저녁 우체국 앞에서
우표도 없이 떠나가는 바람 부는 세상
아흔넷 해 써 온 얘기. 우체통에 넣습니다.
덜커덕 닿는 소리 듣고나 계십니까.

화장터에서

이 곳은 간이역,
산골 외진 이별의 간이역.
출찰구에 문이 닫히면
탕—하는 소리에
너, 나 없이 우리는 고향을 떠난다.
이승을 떠난다.

초등학교 운동회 쫓이발이처럼
외로운 발놀림
지켜보는 이들 앞에
절기의 꽃이 피었다 지는 언덕을 끼고
미련도 향수도 하나의 화통으로 터지는
증기 기관차, 하얀 연기
머리 풀고 떠난다.

덜커덩 덜커덩 멈췄다 가야하는
이 곳 간이역
나는 살았노라 웃었노라 울었노라
흰 연기 검은 연기 울분으로 터뜨리는 허공을
이고
푸른 불 시그널 하나 선로를 지키는

역두에서
상복喪服 차림 외아들
눈물보다 먼저 이름을 닦고 있다.

일기日記를 쓰며

사진을 찍자
남들이 수 없이 찍어 온
주름 골 잡힌 얼굴일랑 버리고
가슴에 품어 온 그림 같은 오솔길
숲 마을 풍경을 내가 찍자.

청석靑石 바위 밑을
숨어서 노래해 온 실개천을 돌아
버들가지처럼 흔들흔들
살아가는 나의 뒷모습을
아무도 몰래 내가 찍자.

셧터를 누르는
나의 눈에
둥우릴 트는 새 한 마리
핏빛 노을을 쪼고 있다.

먼지 낀 아침을
투시하는 햇살같이
살아서 일어서는 나의 글씨.

아랫도리 그곳까지 파고들어
묻힌 아명兒名을 선명히 적는
나의 손끝에
빠져 버린 유년幼年의 잇발들이
하얗게 돋고 있다.

오물을 태우면서

울분이 터질 때마다
나는 오물을 태운다.

악취 저린 벽돌담 등에 지고
뭇 군상群像들을 태운다.

눈짓들이 수군거리는
뒤안 모퉁이
너절한 내 그림자를
내 손으로 태우며
내 가슴을 만진다.

불꽃 속에 날름거리는
계집년의 혓바닥이
머리 풀고 춤을 추는
썩은 나체裸體를 핥는다.

달빛 내린 사창가
창녀의 구애求愛처럼
짙은 화장품 냄새에
피고 지던

내 조화造花의 꽃잎이 탄다.

울분이 터져
오물을 태우는, 날은
때 아닌 부고訃告장 던지고 가는
우체부 김씨의 금이빨이 반짝인다.

나의 글씨

묵은 수첩 속에 잠자다가
일어서는 나의 글씨.
저승 간 친구의 전화번호를 물고
지렁이처럼 꿈틀꿈틀 기어 나온다

한 시절 순이에게 받은
만년필같이
검은 물도 나오고 남색 물도 나오고
더러는 붉은 물도 풀린다.

때로는 강이 되어
여울을 일으키는 글씨.

저편 마을 건너 온
죽은깨 많은 처녀의 낯짝같이
아닥 다닥 붙은 점백이도
내게는 뗄 수 없는 첫사랑인 것을
죽은 자의 목소리도 일러주는 것을.

모자

나이가 들수록
나는 요즘 수인사 같은 모자를 쓴다.

길에서 만나 악수 한 번으로
끝날 것을
그저 모자를 벗었다가 쓰고—.
모자를 만지면서
안부를 묻고—.
흠집을 가리듯이 모자를 쓴다.

염색한 머릿털이
자라는 곳을
끝내 감추고 사는 나의 모자.

햇살이 모자창에 앉아
웃는 줄도 모르고.

아내의 거울

한평생 마주한
아내의 거울 속에
펼쳐진 저 경작의 땅
이랑이랑 드러나는
주름살을 지울 수야 있겠나.

철철이 꽃을 심어
향기처럼 뿌려 온
거울 속 당신을
당신이 찾고 있네.

경주 건천 읍사무소 낡은 호적부에
나란히 잠을 자다 일어서는
나를 닮은 얼굴을
나는 보고 있네.

시집올 때
혼수 발에 실려 온
뉴똥 치마저고리
그 환한 무늬가
살아서 일렁이는 방

젊어서 들어간
당신의 거울 속에서
오늘을 펴는
때 묻은 이 잠자리
다듬이질 한 청포를 깔고 있네.

깃발

훈장 새긴 가슴을
바람 밭에 맡겨 두고
공중이 좋아 높이 높이
채색 옷깃 펄럭이며
줄 타는 곡예사.

산도 내 것이요
물도 내 것이요
땅도 내 것이련만—.

가슴속 아린 사연
푯대 끝에 매어달고
안주安住할 영토 위에
새 번지를 쪼아내는
너는 언제나 외로운 백로의 몸짓

먼 바다 파도소리
둥우리 가득 달아 올려
찾아야 할 사랑을
온몸으로 불러내는 간절한 저 육성
공중 높이 높이 꾀어 올리는 구슬다발.

정년停年

나이 먹으면
쉬라고 했다

마지막 달력 한 장
떨어진 자리
하얀 자리.
사진같이 들여다보며
쉬라고 했다

마음은 가고
몸만 남아
홀로 옷 갈아입는
빈 공간

저녁 밥상에 끼어 앉아
먹은 만큼 먹은 나이를
들여다보는 하얀 자리

과식한 이빨이나 닦으며
체온만큼 따뜻한
하얀 자리에 쉬라고 했다

어느 오후

오후가 되면
새삼스레 심심해지는 요즘.
뜻을 둔 일과처럼
손톱을 깎다가
퇴직退職했다는 친구의 전화를 받았다.

수화기 속을 빠져 나오는
그의 목소리만큼
잘려 나뒹구는 손톱을 보았다.

오후의 빈 방을 메우며
돌아눕는 손톱.
늙어 버린 중학 동창의
마른 눈꺼풀.
파들파들 살아나며
날 부르는 소리.

전화기를 잡은
방문 밖에서
때 이른 저녁식사를 청하는
아내의 전갈을 들었다.

귀로歸路

울면서 찾아온 땅
웃으면서 가야지

삿자리 위에 펑퍼진 몸
침대 위에 누웠으니
아들 놈 웃음소리가
왜 이렇게 새삼스러운가.

울음과 웃음 사이
동그라미 그려 놓고
땅 따먹기 하다가
이뤄낸 나의 텃밭
작달막한 유실수有實樹에
가을 달이 익는다.

나의 음성. 나의 글씨.
문패처럼 달아 놓고 밤과 낮을 타고 내린
끝없는 원구선상圓球線上
풀잎에 이슬같이 굴러내리면 가야지
울면서 찾아온 세상
웃으면서 가야지.

3부

바람의 고향

바람의 고향

출렁이는 세상사는 모두가 바람이다
하늘이 낳은 바람이다
이 놈이 가끔 내려와
가을 운동회를 열고 허공에 만국기를 달면
우리는 그 색깔 따라
제집 앞에 다투어 문패를 단다
'사회' 란 이름으로 아명兒名을 지어 달고
'정치' 란 이름으로 관명官名을 새겨 달고
'문화' 란 이름으로 예명藝名을 그려 달고
'경제' 란 이름으로 깃발도 높이 세워
못을 박고 색칠하고
얼굴까지 실룩실룩 간판으로 붙는다
이놈이 예고 없이 내려와
숲과 산을 흔들면
우리의 문패는 돌무지의 애장이 되고
우리는 쓰러져 누운 잡풀 밑에
죽어가는 애벌레가 된다.
출렁이는 세상사는
살았다고 일어서다 죽었다고 눕는
곡예사의 찢어진 바짓가랑이
감추어온 속살 벌룸거리는

저 소리 없는 몸짓
나를 불러내는 저것은
분명 하늘이 낳은 바람
바람의 육성이다.

이름

나를 지켜주는 이는
내가 아니고 '서영수' 다.

내가 밥을 먹을 때
과식을 걱정하는 이는
분명 나인데
반찬 맛의 우월을 지적하는 이는
'서영수' 다.

나는 밤마다 잠자리에 들면
옷 벗은 빈 몸을 만지면서도
체온을 모르고
춥고 더움을 이불 탓으로 돌린다.

그 이불 같은 '서영수' 는
한낮, 여행의 차표를 사고
돌아오면 대문 앞 길목을 지킨다.

전화벨을 듣고
불러서 나가는 이는 나인데
부르는 대상은 '서영수' 다.

길(1)

이제는 그만 돌아서고 싶다
가던 길 멈출 수 없다니
접어 든 길이나 살펴보며 가고 싶다.

저만큼 산이 보이니
물은 분명 있을게고
양손에 든 것 없이
꺾은 꽃도 죄다 버리고
내가 심었던 난蘭이나 기르며
난 뿌리 같은 길이나 잡아야겠다.

버린 것 돌아보며
배운 것 되뇌이며
에워싼 산속에
소리 없이 들려오는 메아리나 새기며

즐거운 뜻이나
섭섭한 뜻을 헤아려
꽃이 피고 지는 길을
맨발로 딛고 가야겠다.

퇴근 때 밤이 두려워
닫아 본 창문窓門을
출근길에 닫으며
돌아서고 싶다.

길(2)

길은 누구나 걸어가는 것이지만
나의 길은
평생 나이 팔아 이뤄낸
나의 길은
나 혼자만 걸을 수 있는 외줄기 길.

잡초 우거진 숲 마을을 지나면
둥우리 속 재글재글 새 새끼 자라고

석간수 소리내어 걸어가는 길목에
유행가 한 곡 뽑아 솔가지에 걸면
나는 바위 위에 몸을 푸는 사슴이 된다.

길은 누구나 걸어가는 것이지만
사계四季는 언제나 내 앞에 걸어와서
떠나는 자 부르다가 허기진 나를
바람으로 깨우고 바람으로 흔든다.

검은 연기 굴뚝대가 하늘을 덮는데도
별을 새긴 넥타이 목에다 걸고
달 뜨는 언덕길 나의 길을 간다.

모자를 쓰고

모자를 쓰고 출행出行하는 날
몹시 거북할 때가 있다
내 이름 위에 씌워진
시인이란 관형사처럼.

하늘 이고 구름 보며 걸어가는 날
모자가 참말 거북스러운 때가 있다
모자 속에 살결 비비던 머리칼들이
더러는 하얗게
알몸으로 걸어나올 때
자식 놈이 씌워 준
아버지란 명사처럼

외투 포켓에 손을 꽂으며
한겨울 정담情談으로 만지는 군밤같이
따슨 체온끼리 숨어 사는
귀로歸路의 외진 골목, 나만 아는 숲 그늘
바람 자는 곳.

모자 창엔 햇살들이 노닥거려도
알을 품어 더 날지 못하는

나의 새여, 새여
가을하늘 깊어지면
거북스러울 때가 있다

자문자답自問自答

옷을 벗으면
알몸이 되는 걸 뻔히 알면서
사뭇 알몸이 되지 못하는 것은
내가 태어나면서부터
배워 온 거짓말 탓이지.

분명 나도
산실産室에 처음 터뜨린
울음이 있었을 텐데
아들 딸 낳고 살고 또 살아도
그 울었던 소리의 가닥을
내가 알지 못하는 것은
자라면서 늙으면서 노상 지어온
온갖 웃음 탓이지

벗어야지 벗어야지 하면서
날이 새면 옷을 입고
밤이 되면 빗장 꽂는
나의 손을 알지 못하는 것은
밥상 앞에 앉아 투정하는
못난 나의 관습 탓이지

계절 따라 옷을 벗는
산허리를 감고
황토 흙, 지친 몸을 씻어내리는
저 푸른 강물이나 바라보며
흐르는 대로 따라야지
배워야지.

흰 머리털

은실같이 돋아나는 하얀 머릿칼
내가 살아온 고백의
육성이다

한 겹 두 겹 감추어 왔던
악몸의 항벽
나를 꾸짖는다.

초록 뽕잎 먹고 자란
누에가
초록보다 진한 은빛 명주실을
풀듯이

천식으로 가신 할아버지 기침소리
징용에서 돌아온 아버지 웃음소리

잊혀진 오솔길
주름살로 엉키는
나의 몸에
햇빛보다 반짝이는 외로운 종각鐘閣이
터진다.

엽서

야지랑스레 나를 찾아 온
엽서 한 장
분명 그이의 기침 소리다.

개미 군단처럼
바글거리는 까만 글씨.
헛기침 소리.

미닫이를 열고 나오는
낯익은 그의 그림자
네모진 방
일렬로 누웠다 앉았다
일어선다

만날 수 있지만 만나지 않는
그이와의 안부
소곤거릴 수 있지만
끝내 입 봉하고 사는
일상을 넘어서는 까만 글씨.

거울 속에 숨었던, 그이의 얼굴
거울 밖을 나서는, 기침 소리.

후회後悔

여름밤 책을 읽는데
잠처럼 날아와 붙는
하루살이 놈들.
무심코 꼭 눌러 죽였더니
검붉은 점 하나 살아 살아서
지울 수 없는 거울 속
내 얼굴에 박혔다.

추억

태워도 불 태워도
타지 않는 것이 있다.

만추晩秋의 하늘 아래
쓸어 모은 낙엽은
타는 순간 불꽃이 된다
불꽃 속에 편지를 쓰는 하얀 연기
태워도 태워도 허공에 살아 있다.

고교 시절 종일을 닦아 윤을 낸
청동의 모표
구릿빛 단추
불씨로 반짝반짝
눈을 뜨는
이 가을 낙엽을 태워도
친구의 부음訃音 소식같이
타지 않는 것이 있다.

풍경

나이 먹고 배가 불러
쉬고 있는 자리
아버지가 물려 준 백자 연적 하나
목마른 입을 열고 우두커니 앉아 있다.

망아지같이 길러 온 자식 놈들
서울로 가고
주인 잃은 헌 책상 하나
펑퍼져 앉아 있다.

집 지키는 아내는
마리아상 앞에서
감추었던 몸을 헐어 소제掃除하고 있다.

뿌리만 남은 텃밭을 쓸어내는
몽당 빗자루 끝에
살아나는 먼지 같은 시간들
빈 벽을 지키는 기둥시계 하나
할아버지가 쓰시던 그 옥돌 안경같이
굵은 눈알 빙빙 돌리고 있다.

장가 가던 해

유산으로 받은 씨앗으로
텃밭에 구멍을 뚫고
콩을 심었다.

장가가던 해
꽃이 자지러진 봄날이었다.

계절에 따라
전투병에서 제대한 나는
유산으로 받은 마당에서
콩 타작을 했다.

장가가던 해
알알이 노란 가을이었다.

날생이

보릿고개 넘어 온
아지랑이를 만나서

시집 살다 쫓겨 와
한 밤을 울던
내 누부의 눈물 소리를 들었다.

와이카노
와이카노
날만 두고 와 이래예
* '알라' 는 혼자 *논나
날만 보고 와이카노.

봄 언덕 외진 *비알
*질도 없는데
*날생이 하늘만 보고
*짠다구캉 살고 있다.

와이카노
와이카노
니캉 나캉 살았는데

'알라' 는 나 혼자 논나
날만 보고 와이카노.

* 누부 : 누나

* 알라 : 어린애

* 질 : 길

* 논나 : 낳나

* 비알 : 비탈

* 날생이 : 냉이

* 짠다구 : 잔대 딱주

아가의 꿈

아가가 웃고 있다.
어미의 뱃속에서처럼
캄캄한 방에서 웃고 있다
탯줄을 물고 나발을 분다
나발 소리에 열리는 세상은
눈. 비가 오는 아비의 마을
컴퓨터 속에 내리는 소낙비로
차오르는 수위水位에 둥둥 뜨는 나발 소리
트럼펫이 공간을 찢고
색소폰이 찢어진 허공 사이로
환호성 같은 줄을 달아 강으로 던지는
아가는 알몸
웃는 줄 모르고 웃고 있다
부는 줄 모르고 나발을 불고 있다
바람에 헐리는 지붕 위에
박꽃 짓는 웃음으로
이제는 탯줄 아닌 젖줄을 빨아대는 아가는
어미의 뱃속에서 갖고 온 젖빛 도화지에
지게 진 아비의 얼굴을 그리면서
보지 못한 웃음을 하얗게 웃고 있다.

처용의 부적符籍

나의 등에는 언제부턴가
처용의 부적이 붙어 있다.

돌아가신 할머니의 손가락 같은
보이지 않은 붉은 글씨.
나만 알고 읽어 나가는
부적을 차고 있다.

천 년의 목소리
감춰진 숨소리를
태화강 물살로 풀어내는 개운포 앞 바다
처용암이 몸을 씻는데

통통배 몇 척
눈이 먼 고기를 가득 싣고
그래도 만선의 기를 올리는 오늘

미움을 반가움으로 녹이고
원수를 사랑으로 처리하라는
비 오는 날 우산 같은 하늘 가린 거리에
보이지 않는 처용의 부적, 등에 달고 걷고 있다.

발자국 소리

퇴직 첫 날
손때 묻는 전화긴데
벨 소리가 낯설다.

노을을 지고
번지를 찾아
내게 온 손님
새삼스럽다.

출근도 않고
퇴근한 시간
마주앉은 시계 얼굴
장군 같다.
나를 쏘는 눈
그 時針이 화살이다.

마당가 감나무에
풋감이 떨어진다.
잊었던 내 발자국 소리
화살로 꽂힌다.

4부

에밀레 종소리

본적本籍

주소住所를 옮길 때마다
본적本籍은 저만큼 떨어져 서 있다.
잡으면 잡을수록 도망가 서 있는
그의 가슴속에
아들 낳고
딸 낳은
나의 방房이
사철 따뜻이 잠자리를 하고 있어,
해 뜨는 동쪽 방향을
몰라도
아침은 어김없이 찾아와
나를 불러내고 있다.
주소住所를 옮길 때마다
본적本籍은 고향집 장승처럼 서서
동구洞口를 지키다가
호적계 김주사를 시켜
살아 갈 사주팔자四柱八字를
언제나 적어 주고는
벙어리같이 부릅뜬
눈만 굴리며
멍청히 서 있는 나의 본적本籍

이사移徙

나는 이사移徙를 했다.
꼭 삼십 년 만에 나이만 싣고
이사를 했다.
창지문窓紙門이 손금처럼 다정한
옛집인데
고속도로가 뚫린 담장 밖이
낯설다.

이삿짐을 내린 중량重量만큼
달아나버린 세월.
빈 마당에
나는 새삼스런 손님이 되어
알은체를 해도
주인은 없다.

아내는 성당엘 가고
어머닌 절에 갔다.
마당어귀 감나무 한 그루
새 잎을 내밀 때
중학교 때 시험지 같은 뜰 안.
우선 빈 곳을 메우라 한다.

옛집에 와서

행랑行廊집 처마 끝에
녹슨 채 걸려 있는
쇠스랑 하나.
저승 간 아버님 뼈마디를 보았다.

묵은 마당 가
낯익은 푸성귀가 돋는
이른 봄
지붕 밑을 들락거리는
제비를 만나
알지 못할 하소연을
듣고 있는 옛집.

굵은 글자가 이제는 아쉬워
새삼스레 내가 쓴
문패를 달아 놓고
어머님 손목 같은 호미를 들고
나는 뜰에 묻힌 아명兒名을 캔다.

녹 낀 쇳날로
흙더미를 헐 때마다

어릴 적 내 이빨 같은
고목枯木 뿌리가
하얗게 드러나는 마당.

정오正午를 넘어선 햇살 한 가닥.
손등에 내려앉아
잊혀진 목소리를 풀어내고 있다.

고향송故鄕頌

고향은 언제나 살아 있는
어머님 가슴.

치마폭 굽이굽이 풀어낸 세월을
진달래꽃, 산허리마다
피로 뱉은
길을 따라
형산강兄山江 물줄기를 타고 내리면
태고太古의 음향이 꽃그늘에 우는 곳.

빛이 일어서는 여울 건너
돌아선 그림자를 불러 세우고
붕새춤을 추는 우리는
옷섶에 저린, 촌놈 냄새가 그리워
머리 위에 마주 뜬
해와 달만 부른다.

어머니

나이 육십이라도
어머니 앞에 서면
나는 어린애
팔순이 넘도록
바늘에 실 꿰듯
뚫어 온 눈
어둡다고 하지만
내게는 밝다.

안경 너머 저편
어머니 땅에 서면
흰 머리를 흔들며
투정 부리는
나는 철부지 어린애

천자문千字文 외우던 내 음성
꽃씨 봉지에 깊이 싸 두고
사철 씨 뿌려 가는
어머니 절기節氣
나는 모를 수밖에.

경주慶州

나는 보았지
남산과 선도산이 얼굴 맞대고
사랑의 밀어密語처럼
우리의 언어를 풀어내는 현장을.

명활산 소금강산이 손에 손잡고
형제의 핏금같이
겨레의 텃밭을 삽질하는 옥토를
나는 보았지
서천西川 북천北川 문천蚊川을 허리띠처럼 휘감고
천 년을 깎아 세운 고향집 당마루에
지부지기 하늘을 이고
알몸으로 익어가는 이 가을
21세기 노을이 떠서 울고 있는 소리를.

나는 알았지
삼화령에 바친 차향茶香이
노송老松 가지에 날아든 솔거의 새가
누더기 옷에 펄럭인 백결의 바람이
하나로 하나로만 타오르던
명활산성 봉화불이

새 천년 안테나에 걸려
유네스코 언덕배기에 불을 지피는
경주慶州를.

에밀레 종소리

할아버지 위한 아버지의 뜻을 십이만 근 구리로 녹여
허공을 채운 신라 혜공왕의 효심孝心이 생명으로
탄생하는 아이의 울음소리

천 년을 울고도 또 울어야 하는
애기의 울음소리 에밀레 에밀레

빈 가슴 불룩이 부처님 말씀 머금고
온몸 매달아
억겁億劫의 비정非情을 털어내는
그 애기의 울음소리 에밀레 에밀에

청동靑銅의 굳은 살결 새긴 문신文身이
이승의 핏줄같이 살아서 날아오르는 비천상飛天像
달뜨고 해지는 중생의 묵은 골짝을
바람결 옷자락으로 덮는 손가락 끝에
엄마 찾는 울음소리 에밀레 에밀레

음통音筒 용뉴龍鈕에 고개 쳐든 앳된 얼굴
숨겨진 사연 울음으로 터지면
산도 부르고 물도 불러 새벽을 여는
에밀레 에밀레 저 봉덕사 범종 소리.

분황사 석탑

사각 삼층 분황사 석탑
천년왕조千年王朝가 앉아 있다.

모전석탑模塼石塔 머리 위에
화강암 연꽃 받쳐 이고
원왕생願往生 가는 문을
가슴으로 여는 현장.
네 마리 사자놈이 으르릉 어르릉
달아나는 세월을 물고 있다.

선덕여왕 걸어서 오른
구층탑 옛 그림자
바람이 누운 기단基壇 위에
풍경風磬으로 우는 오늘.

절기節氣의 숨소리 나풀거리는 나뭇가지 사이로
밤과 낮이 교미하는 번뇌의 골짜기
안으로 안으로 궁글어 요동치는 옥계석 처마 밑에
네쌍의 금강역사金剛力士 이글이는 눈빛.
억겁億劫의 산하山河 햇살을 풀고 있다.

너와 나 부르는 자리에 역사책을 펴면
시간은 향수鄕愁처럼
지나고 나면 그리워
국보 30호 패찰牌札이 반짝인다.

반월성에서

첨성대를 등에 지고 반월성에 오르니
천 년 익어 온 가을이 누워 있다

먼 발치 계림에 고목 앓는 소리,
황갈색 단풍잎 수군거리는 소리,
나의 귀를 열고

소풍길에 묻은 내 발자국
동면冬眠한 개구리처럼
낙엽 속에 꿈틀거린다

우르르 달려와 도열堵列하는
억새풀 속에 내가 서면
흰 머리털 흩날리는 노병老兵이 된다.
이 가을 사열하는 억새가 된다

세월이 앉은 입추立秋의 성벽에
내 어린 손이 휘갈긴 낙서 몇 자
하얀 철새 똥같이 지워지지 않아
지워지지 않아
잊었던 내 아명兒名처럼 살아나고 있다.

연鳶 날리기

고도의 창공에 연을 띄운다
얼레를 푸는 삼십만 경주인의
핏기 도는 손등에 반짝이는 햇살,
명활산성 봉홧불같이 새 하늘을
뚫고 있다.

남산과 선도산이 정좌한 천년 숲에
신록의 합창처럼 6월의 연이 오른다
시장을 뽑고 의원을 추려낸
날카로운 손끝에
김유신이 쏘아올린 가슴 큰 연이 오른다.

연실을 자아내는 너와 나의 손
'부정은 가라' '사욕은 밀치라'
굳게 잡고 돌리는 얼레의 바퀴 위에
새 역사 차근차근 열어젖히는
머리 크고 꼬리 긴 연이 오른다.

세모풍경歲暮風景

두루마리 새 달력 하나 휘적이는 겨드랑이에
보물처럼 끼고, 해지는 섣달, 넘어가는 황남리

대능원 담 벽에 엉겨붙은 겨울나무 그림자가
십이월 야윈 햇살을 타고 연처럼 날고 있다

한낮을 깔고 누운 밤은 외로워
별을 가슴에 모아 속삭이듯이

천 년을 품고 앉은 낯익은 능陵 이마엔
마른 풀잎들이 뿌리를 안고 수군거린다.

선도산 능 마을에 앞서거니 뒤서거니 앓고 있는
무덤은 산이 되어 산허리 철렁철렁
메아리를 풀어내는 세모

두루마리 새 달력 하나 재산처럼 끼고
저무는 섣달 동구洞口에 서면 나는 언제나
장승같은 능지기, 석양에 배부른 우체통이 된다.

회한悔恨

죽도록 사랑하고 싶던
연인을 만나지 못하고

온몸을 갈아서
베풀고 싶던
이웃을 얻지 못하고

돌각담처럼 쌓인 나이
성찬盛饌처럼 차려 놓고

담 너머 오솔길
지나가는 사람을 부르면
변한 음성 메아리 되어
먼 산 골짝골짝 줄지어
다가선다.

동리 목월 문학관

천 년이 쉬엄쉬엄 걸어서 내린
서라벌 숲 마을에
토함산 해돋이같이 빛으로 창살 이룬
문학관이 열렸다.

동리 선생, 목월 시인
한 자리 하여
민족혼을 깎아 세운
두리기둥에
불멸의 이름 석 자 문패 단 누각을 오르면
우리말 우리글이 얼싸안고 춤을 춘다.

겨레의 육성, 알알이 맺혀
도토리처럼 굴러내리는 산길을 오르면
부챗살 같은 햇살이 너와 나를 부르는 집
하늘과 땅이 걸터앉은
당마루 끝에
밤과 낮을 차고 내린
산새가 와서 운다.

내가 살던 국당마을

신라적 골목
국당마을에 들어서면
허물어진 절터 주춧돌을 타고
사철 파들파들—
풋성귀가 몸을 털고 일어선다.

선도산을 끼고 남산을 품에 안고 걷는
국당마을 사람을 만나면
언제나 이 땅의 봄을 먼저 알리는
쑥 냄새가 난다.

일천 년 세월 온 누리에 엮어
머리 위에 학을 날리는
오능 숲 청솔 그늘에 앉아
역사의 흙더미 속에 가슴 헐고 입을 맞대는
너와 나의 긴긴 이야기
딸기로 익고 오이로 열린다.

청경림 숲 머리 아침 해가 뜨면
선잠을 깨워주는 흥륜사 목탁소리
문천蚊川 서천西川 합수골에 모래알로 맺힌다.

수석정壽石亭에서

청솔 푸른 머리 위에
학의 궁전이 일듯이
일천 년 쌓고 쌓은
반월성 언저리에
수석정이 열렸다.

더러는 앉고
더러는 서서
가고 오는 세월 속에
나를 찾아 가슴을 열면
오는 사람, 가는 사람, 한 자리 하여
둘러앉은 수석과 함께
육성肉聲을 엮는 곳.

굽이진 인간사 수놓인 고도의 뜰에
굴러온 밤과 낮을
낙엽처럼 깔고 앉아
외로움 녹인 잔을 너와 내가 마주 드니

하늘에 놀던 달이
술잔 위에 떨어진다.

함양에 오니

지리산 산울림은 민족의 육성
언제나 듣고 싶어
함양에 오니
개울물이 먼저 나와
인사를 한다.

맑은 눈 치켜들고
마중 나온 계곡 물
이 겨레의 전설같이 알몸으로 나선다.

1940년대 무덤 된 혼백
피로써 먹을 갈아 글씨 쓴 바위
좌우익 함성들이 묘석으로 굳어 있다.

함양에 오니
이름 모를 나무들이 우루루 나와
통성명을 한다
갓 쓴 시인같이 말없이 나선다.

서원을 지은 몸
제각을 세운 뼈가

새 하늘 아래 살고 살아서
군청 앞 느티나무 서사시를 쓴다.

함양에 오니
나무와 물이 살아서 울고
살아서 웃는다
고운 선생 싯귀가
상림 숲 낙엽처럼 울고 있다
엄천강 긴 얼굴이
거울 속 처녀처럼 웃고 있다.

독도

쪽빛으로 물들여 온
그의 머리채를
부질없이 흔들어대는
짓궂은 바람아

수절守節해 온 청상青裳의
보듬은 가슴을
밤마다 넘나보는
이웃집 개 짖는 소리를 너는 아느냐.

낭랑한 목청
살아서 우는
심해深海의 깊은 골짝
등 없는 마을
찢긴 옷고름처럼
파도로 울먹이는 매운 육성—.

수천 년 모셔온 임 하나 두고
시댁의 계절 따라 얼굴 씻는
물동이 여다 나른 나의 누이야
이웃집 개 짖는 소리를 너는 아느냐.

5부

인상기印象記

인상기印象記 (1)유치환

나는 보았지. 청마青馬의 그림자를
내 시는 시詩가 아닐지라도
영주永住하는 나의 뜰에 생화生花로 피어난
한 송이 꽃이라고, 늘 나의 가슴에 달아주시던
그 쇳소리 같은 음성
함묵緘默하는 바위, 대지大地를 뚫어
생명을 풀어내는 불멸의 그림자를.

괴로워도 웃고 취하여도 웃는 술자리 방석 위에
시인과 인간의 초상화를 그려 놓고
1950년대 전후戰後의 짙은 밤 어둠을 밀치던
크고 웅장한 손짓 눌러 쓰던 펜글씨.
살아서 일어서는 '소리 없는 아우성'
그 영원한 「깃발」을 나는 보았지.
청마가 밟고 간 이 땅의 진동, 외로운 몸짓, 의지의 항변을.

경남 거제 둔덕골에서 통영 유약국집 문턱을 돌아
북만주 세찬 바람에 옷깃 펄럭인 귀로의 발자국 소리 소리를

경주 반월성 청솔가지에 걸어놓고
토함산을 오르다가 밤을 맞아, 가난에 찌들
린 밤을 맞아
쪽샘' 주촌酒村의 술 단지에 너와 나 그을린
얼굴을 건지던 날.
나는 들었지. 고교 시절 모자 창에 내린 봄
비 소리를.
나는 보았지 검고 둥근 커다란 안경테 속에
꽃술로 터지던 그의 햇살을.

〈시인〉

인상기印象記 ⑵김동리

경주에 오면
부엉 뜸 건너편서 살아 손짓하는
동리 선생을 만난다.

이승과 저승 사이 영원히 갈린 길을
나귀 타고 왕래하는 김창귀金昌貴 김시종金始鍾
작가 김동리를 만난다.

「1930년대는 반월성과 수도산이 나의 교실이다」
「우거진 저 수풀은 한 창고 넘게 읽은 나의 책갈피다」
「오늘 선도산 걸어서 올라보자 — 뽀독뽀독 밟아라 서군」
「비로 다진 땅, 비 개이면 자국은 낙관落款이 되는게야」
대학 시절 또도 개도 아닌 나에게
장학금을 태워 놓고 윷놀이를 청하던 그이의 말씀.
천 년 늪에 고여 술렁이고 있다.

명주실 한 꾸리를 풀어 넣어도 밑 닿지 않는다는
'예기소' 검푸른 물에 모화가 칼 춤추는 '무녀도'를 그려 놓고
비 오는 밤이면 도깨비가 뜬다는 동리의 심령과학.
얘기 아닌 실체가 서천 모랫벌에 일월日月처럼
뒹굴어 '황토기'로 '바위'로 '까치소리'로 '을화'로
문패 달아 세운 마을, 동리 선생이 살고 있다.

경남 사천을 걸어 다솔사에 머물며
해인사 깊은 골짝, 땅에 쓴 글씨,
문단의 계단 위에 기旗를 꽂은 선생의 목청.
「니 머하노, 서울 안 올라오고 거기서―」
인제는 바람소리 아닌 육성이란 걸 알았다.
인제는 지방 아닌 그의 서울이란 걸 알았다.
경주에 오면

토함산 흙더미에 패랭이 꽃을 심는
문학관 창살에 새 햇살을 심는
동리 선생을 만난다.

〈소설가〉

인상기印象記 (3)서정주

미당 시인 곁에 앉으면
조끼 입은 우리 할아범 담배 냄새가 난다.

미당 선생의 말씀을 듣고 있으면
갓 익은 홍시를 한입에 삼키던
어릴 적 입술 붉은 내 얼굴을 만난다.

전라도 고창 질마재 나뭇꾼이 새신랑이 되던 날
걸판진 잔치 얘기에 귀가 열리면
양반의 밥상에 오른 진국 맛을 알게 된
노초산방魯草山房, 미당未堂의 몸짓이 보인다.

1936년 집을 짓고 담장 올린 '시인부락' 에
대문을 열고 길을 쓸던 조선 선비 미당 서정주
자호自號로 '궁발窮髮' '뚝술' 을 허리춤에 차고
친구가 지은 미당未堂을 머리 위에 쓰면서
목마른 시詩의 숲에 강을 연 이승의 길,
어귀마다 그림자가 살아서 손짓을 한다.

전후의 황사바람 옷깃 적시며 마포의 언덕길
흥얼흥얼 오르던 공덕동 살구나무집 '청서당'

주인 앞에
고향 갔던 내가 상경上京하여 큰절을 하면,
미당은 늘 염주를 굴리시다가
「어 어 춘부장도 안녕하시던가 서군—」
안경 너머 저편
그의 눈은 언제나 어른 같은 어린애

떠돌이 한 세월 시인이 되어 사당동 산비탈
봉산산방蓬蒜山房 솔바람을 타고
시누대 나무의 소리를 들으며 시선詩仙 시성詩聖의
골짝에 세기의 계단 돌을 깎던
미당 시인의 곁에 앉으면
한복 입은 우리 스승, 굵고 큰 눈이 보인다.

〈시인〉

인상기印象記 (4)박목월

1958년 늦봄이었던가
미아리 고개에 우뚝 섰던
하얀 집. 서라벌 예술대학,
전흔戰痕의 내음이 봄비에 씻기우던
그 현관, 내가 만난 그 어른. 목월시인.

「오냐. 오냐 그렇제」
「난도 경주다」
「내 니 잘 안데이」
「여게 잘 왔다」
「학원에 시 뽑혔제」
「내 알지러」

사투리 한입 물고
고향 산길 풀어 주던
초원의 사슴, 목이 긴 그림자를
나는 만났지

단석산 잣골, 어스름 타고
반딧불 날던 모량역 역등驛燈
청노루 눈 밝히던 시인 박영종

서울로 떠난 선로 위에 별들이 모여 소곤대고

원효로 전차종점 4가 5번지
새벽을 열던 이층 지붕에 새들이 지저귀던 허공
굵은 육성 홀로 남아 자작시를 읊는 오늘.
연필로만 시를 쓰던 목월의 손가락같이
햇살 돋는 토함산 나뭇가지가
문학관 창살이 되어 하늘을 열고 있다.

〈시인〉

인상기印象記 (5)조지훈

이승과 저승 사이 걸쳐진 무지개가 뜬다면
성큼성큼 건너와
색실보다 진하고 긴 인간 얘기를
주렴처럼 걸어 놓고
사계四季에 익은 말씀, 술잔 위에 녹힐 시인.
지훈 조동탁.

걸어 나온다 지훈의 발자국 소리
서울 인사동 골목길을 열던 백자 항아리
배가 불러 서글픈 조선의 살결. 그 수묵水墨빛 자화상에
경상도 영양 일월면 주실 마을에 산삼처럼 드러난
그 삼불차三不借 - 사람과 글과 돈을 빌리지 말라—
그 삼불차 지켜 온 외진 걸음걸이
20세기 초원을 기린처럼 누벼온 목이 긴 시인
「지조론」책갈피가 바람에 펄럭인다.

흰 옷에 검은 조끼 알뜰히 받쳐 입고
젊은 학생 나에게도 두루막을 걸쳐야 손을 잡던

조선의 마지막 선비, 손등처럼 남아 있는
성북동 골짝을 타고 삼선교를 건너면
햇살은 오늘도 살아서 일어선다.

〈꽃이 지기로소니
　바람을 탓하랴〉
「병마에 시달려도
　찾아온 병을 탓하랴」
'낙화' 의 정 육성이 되어
이승과 저승 어귀 장승으로 섰으리.

〈시인〉

인상기印象記 (6)함동선

황해도 연백 해월리에
일제의 황사바람이 회오리치던
1930년 이 땅을 찾아온
함동선 시인

한 시대 이야기가
낙엽 더미로 수군거리는 둔덕에 서서
이제는 하늘만 향한 외가지 겨울나무
살아 일어서는 나이테가
안으로 안으로 굽이치고 있다.

희수喜壽를 넘어 팔질八耋 에 쌓이는
시인의 언덕 우람한 숲에
한가슴 체온 열매로 엉킨 산목散木 함동선咸東鮮

날고 날아서 가지 끝에 매달린 금성리 절골 새소리
타향의 한을 실은 '삼팔선의 봄' 을
구절구절 터뜨리고

일제 강점기 징병의 검은 토굴을 빠져나와

내 나라 내 바다를 숨어서 건너온 6 · 25 피난길
어머니가 허리춤에 채워준 부적의 붉은 글씨가
팔십 고개 산목의 산정에서
변신한 단풍으로
빨간 살결 살아서 팔락이고 있다.

〈시인〉

인상기印象記 (7)안종배

팔십 고개 높다란 바위에 올라
평생 물들인 하늘빛 오선지에 자화상을 그리는
음악가 안종배.
그는 노래하는 산맥을 타고 노래하며 우뚝 선 산이올시다

빛을 향하는 나뭇가지를 거느리고
사철 석간수 흐르는 계곡을 풀어내어
화음和音의 나라에 길을 연
지휘자 안종배.

교향곡 선율이 색실같이 피어나는
줄기찬 나무들을 한 가슴 안고
바람 부는 세상 새소리를 연주하는 그는
지열이 솟구치는 산이올시다

바이올린 첼로를 켜는 현악의 줄을 잡고
동양의 일출을 찾던 간절한 육성이
이웃을 씻고 제자를 길러 싹틔운
머루나 다래 같은 산과일을 익혔던
스승 안종배

그의 땅은 언제나 갈증의 둔덕
가파른 산이올시다

선도산이 내려다보는
서천 북천 남천 물결이
백결의 거문고처럼 선을 퉁기는 노을 밭에
산그늘이 품고 앉은 자화상 하나
살아서 일어선다

〈음악가〉

평설

순수한 정감과 내면의 미학적 언어

서영수 시집 『바람의 고향』

— 조병무

작품해설

순수한 정감과 내면의 미학적 언어

–서영수 시집 『바람의 고향』

조병무

1

시의 언어가 인간이 살아가는 과정에서 제공하는 역할은 여러 가지가 있다. 그 여러 가지 중에서 가장 원천적인 역할은 인간의 순수와 정서적인 영감을 받아들이는 삶의 하나가 된다는 것이다.

이러한 정신에서 볼 때, 시인의 정갈한 심성을 대변하고 있음을 보여주는 시집이 바로 서영수 시인의 『바람의 고향』이다. 시인이 바라보는 모든 대상은 순수한 본성에서 우러나는 감성으로 가득 차 있다. 자연에서 느끼는 친근감이나 살아감에서 바라보는 일상들이 시인으로 하여금 또 다른 세계 속의 아름다움으로 환원하는 언어의 미적 감각을 느낄 수 있다.

최근 우리의 현대시가 사회적인 통념 속에서 벗어나지 못하고 새로운 변화에 민감하여 시 창작의 심성 역시 많은 변화을 시도함으로 시 작품 자체가 사회적 현상에서 빚어지는 상황에서 벗어나지 못하는 경우가 많다.

예술의 다양한 변화 양상은 그 본질만큼은 인간에게 공감할 수 있는 가치 창조의 범주에서 이루어져야 한다. 그러나 최근의 우리 현실 사회에서 창작되는 과정은 과연 그러한지 의문이다. 그러나 시인 서영수의 작품이 보여주는 역동적이면서 순수한 정감을 미학적으로 공감하고 공유할 수 있다는 것은 하나의 수확이며, 삶의 철학적 사유를 시적 감성으로 보여 주고 있음은, 또한 한국 현대시의 큰 수확이라고 할 것이다.

서영수 시인의 시집 『바람의 고향』에서 시 작품이 내포하는 정신적인 측면을 살펴보면 다음과 같은 몇 가지 관점으로 볼 수 있다.

첫째, 초자연적인 사물이나 그 존재의 이유나

가치에서 순수한 영원성의 심성과 그 언어의 정갈한 이미지의 표출이 나타난다.

둘째, 단순 사물의 정감이나 정서의 맥락에서 그 대상의 일상을 벗어나 내면에 내포하는 철학적 향유를 찾고 있다는 점이다.

셋째, 지나간 날의 회상과 세월의 흐름에서 자신의 흔적 속에 내밀한 심정적인 표출이 한 편의 정서로 간곡한 심상을 보여준다.

이러한 일면은 시인의 시적 삶의 질곡에서 그 삶의 자아를 돌이켜 보게 한다. 자신에게 다가오는 세계와의 공감이나 배타적 현상을 어느 시점에 이르러 진실한 자아의 현실을 인식하게 된다. 시인 자신도 "자서"에서 밝혔듯이 '나의 시는 누가 뭐래도 나의 시, 어설픈 나를 닮은 한평생 5백여 편의 시, 나의 자식 같은 것들이라 버릴 수 없어 노산老産의 산실産室 창을 열고 후에 쓴 시들을 내보낸다.' 고 하면서 '평생 지방이 좋아 고향 경주가 좋아 고집하여 살아 온 오늘을 나는 후회하지 않는다.' 고 시인의 고향에 대한 강한 애정을 자신의 솔직한 심정으로 말하고 있다. 그래서 시인은 그러한 고향을 어머니와 동일성으로 자신을 일깨운다.

고향은 언제나 살아 있는

어머님 가슴.

치마폭 굽이굽이 풀어낸 세월
진달래꽃, 산허리마다
피로 뱉은
길을 따라
형산강兄山江 물줄기를 타고 내리면
태고太古의 음향이 꽃그늘에 우는 곳.

빛이 일어서는 여울 건너
돌아선 그림자를 불러 세우고
붕새춤을 추는 우리는
옷섶에 저린, 촌놈 냄새가 그리워
머리 위에 마주 뜬
해와 달만 부른다.

시 「고향송故鄕頌」의 전문이다. 고향에 대한 풍광이 아름답게 펼쳐 보인다. 첫 연에서 고향을 어머니의 가슴으로 동일시하고 있다. 자신이 태어나고 삶의 일상을 살아온 고향 어머니는 같다. 둘째 연에서 '풀어낸 세월'을 '피로 뱉은 / 길을 따라' '형산강兄山江 물줄기를 타고 내리면 / 태고太古의 음향이 꽃그늘에 우는 곳.'으로 숱한 세월 따라 오랜 세월의 흐름 따라 태고의 음향이 서리는 역사

오랜 고향의 전경을 그려준다. 셋째 연에서 '촌놈 냄새가 그리워 / 머리 위에 마주 뜬 / 해와 달만' 불러 봄으로서 겸손과 순백의 순수함을 이어주는 고장의 면모를 '붕새춤' 속에 저려 있는 고향으로 시인은 자신을 되새기고 자신을 시의 정서 속으로 몰입하려 한다.

2

시인의 시작품에서 나타난 초자연적인 사물, 그 존재의 이유나 가치에서 순수한 영원성을 함유한 심성을 볼 수 있다. 그 언어의 정갈한 이미지 표출은 서영수 시인의 시적 감성을 나타내는 제 일장이라 하여도 좋으리라고 본다.

시가 내포하는 본질은 언어의 순수성이라고 한다. 이러한 언어의 순수한 심상은 시가 어떠한 사물이나 어떠한 대상의 본질을 열어 본다고 하여도 그 본질에 대한 이미지의 표현은 언어가 지니는 중요한 요소다. 그러한 요인을 서영수 시인의 작품에서 사물과 그 사물이 지니는 근원적인 내면성을 찾아 그 내면의 암시와 함께 시인이 포착한 새로운 감성을 접착시키는 신성함이 있다.

그러한 신성함을 대상과의 유의적인 관계를 하나로 만들어낸다. 그 예를 다음 몇 편의 작품에서

보면 언어의 살아 있음을 인지할 수 있다.

아지랑이는 글씨였어
돌아앉은 겨울 숲 흙 위에 써 온
유아어幼兒語

—「아지랑이」의 서두

친정에서 돌아오는
여인의 치맛자락
펄럭이는 소리

—「춘경春景」의 첫 연

가지 끝에 맴도는
서러운 눈매
나의 아기 아가야.

—「새순」의 첫 연

햇가지를 타고 앉은
왕자의 입술

—「개화開花」

색色과 향香으로
임을 부르고 나서는
너는 언제나 말이 없다.

—「꽃.2」첫 연

어머니 젖꼭지를 나에게 빼앗겨
마당귀에 엎드려 나절을 울던
내 누이의 부푼 눈꺼풀.

—「감꽃」둘 째 연

위에 예시한 작품에서 「아지랑이」에서 '유아어',「춘경春景」에서 '여인',「새순」에서 '아가',「개화開花」에서 '왕자',「꽃.2」에서 '임',「감꽃」에서 '누이' 라는 시적 감성은 대칭되는 이미지의 새로움으로 환원하고 있다. 이러한 시인의 심성은 그러한 결정의 순간에서 새로운 형상의 사물이 순수한 언어에 의해 재탄생되는 것이다.

서영수 시인의 '아지랑이' 는 '글씨였어' 라는 단정적인 영감은 물론 '춘경' 을 '여인의 치막자락' 에 비유되고, '새순' 을 '서러운 눈 매' 를 지닌 '아가' 의 청순한 모습의 내면 형상을 찾아내고 있으며, '개화' 되는 모습에서 그 찰나의 순간과 그 상황을 '왕자의 입술' 의 고고함으로 그 운치를 그려 주었으며, '꽃' 에서 풍기는 빛과 향의 형상과 무형의 모습에서 '임' 을 부르고 있는 말없는 아름다움의 외형을 그려 주고 있다. '누이의 부푼 눈꺼풀'

의 '감꽃' 모습에서 그 소재 자체보다 시인의 언어적인 감성이 깨끗한 영상미를 짐작하게 하여 준다.

시어가 하나의 소재에 대하여 이미 지니고 있는 일반적인 언어는 공용의 언어로 누구에게나 와 닿는 일상어일 뿐이다. 그러한 일상어는 특별한 경우를 제외하고는 감동과는 멀다. 그러한 일상어에서 감동의 새로움을 찾아 나서는 언어가 시적 감동이라고 할 때, 그 언어가 지니는 참신한 일면은 시어가 만들어내는 정서적이 미감이며 감동이 된다. 위에서 예시한 것과 같이 이러한 일면을 시인 서영수의 언어적인 질감에서 공감할 수 있다고 하겠다.

3

서영수 시인의 공감은 언어 자체의 감동으로 보겠지만 단순 사물의 정감이나 정서의 맥락에서 형상화된다. 일상을 벗어나 내면에 내포하는 철학적 향유를 느낄 수 있는 점에서 다소 지성적인 감성을 지니고 있다. 시인은 그러한 감성을 더 깊은 통찰의 세계에 몰입하면서 하나의 소재에 의해 시적 정서의 일맥을 전이시켜 사고의 폭을 넓혀가고 있다. 그리고 그 영감의 의미에서 표출되는 내면을

현학적인 이미지의 세계로 끌어올려 사고와 언어 기능을 철학적 견지로 폭을 넓혀 시의 함축적 정서를 극대화시킨다. 이러한 정서의 표출은 시인 스스로 시적 감성을 보다 깊은 통찰의 세계에서 인지하기 때문이다. 다음 시에서 이러한 과제를 풀어주고 있다.

죽어가는 자여
죽는다고 하지 말라.

살아가는 자여
살았다고 믿지 말라.

죽음과 삶의 둔덕을
언제나 잇고 있는
짙푸른 강물에 몸을 맡겨라.
바람에 돛을 돌리며
돛배 띄운 나를 향해
강물에 떠내려가며 손짓한
나의 가난한 그림자여.
똑똑한 사공은 뱃전에서
무엇을 건져올리고
무엇을 풀어내지만
나는 바람개비처럼

먹은 나이만 되씹고 있네.

죽어가는 자여
살아가는 자여
물 따라 이어지는 강둑에 집을 짓는 자여
저 피안의 갈대숲에
외롭게 내린 햇살이 뵈거던
빗장 꽂힌 당신의 문에
이름 석 자 문패를 만져보라.

시 「피안의 강가에서」의 전문이다. 삶의 문제에 대하여 죽은 자와 산 자의 실제적인 관계는 추상적이다. 관념의 대상에 대한 정신 요인이 존재하는지의 여부와 함께 실존의 문제는 무척 난해하기만 하다. 시인은 이 작품에서 죽은 자가 무엇이며, 산 자가 무엇인가라는 화두를 던지면서 퍽 심각한 고뇌 속으로 자신을 밀어넣고 있다.

'죽어가는 자'와 '살아가는 자'를 동시에 지칭하면서 '강둑에 집'을 짓는 자가 '피안의 갈대숲'에 '햇살'이 비추어지면 '문패를 만져 보라'는 부탁은 삶과 죽음을 일상으로 하는 인간에게 시인의 간곡한 요청인지도 모른다. 삶과 죽음에 대한 정신적인 사유에 대한 간절한 철학적인 명제이며, 인간 내면에 투시된 한 편의 과제를 제시한다.

이러한 관점의 작품으로는 '계단을 오르다가 내려다보는 순간 / 올라온 만큼 내려간 나의 눈은 / 살아온 만큼 멀어져 간 / 나의 그림자를 만난다.-「계단을 오르며」의 첫 연' 에서 역시 시인의 각별한 인간 삶에 대한 여정과 그 명제를 풀어내는 가능성의 시간을 제시하고 있으며, 무한한 삶의 욕구를 어떻게 풀어 가야 할 것인가를 시인 역시 '문패를 만져' 보면서 생각의 가름을 찾아야 함을 암시한다. 문제의 핵을 찾아 철학적 관조를 제시하는 작품으로 「풀」 「낙화.1」 「낙화.2」 「겨울나무」 등이있다.

4

세월은 모든 이로 하여금 때로는 회고와 추상의 면면으로 인도한다. 그래서 서영수 시인 역시 지나간 날의 회상과 세월의 흐름에서 자신의 흔적 속에 내밀한 심정적인 표출이 한 편의 정서로 간곡한 심상을 보여 주는 현재 속에 살고 있음은 어쩔 수 없나 보다.

세월의 흐름으로 인한 자신의 되돌아봄, 주변의 많은 인간관계에 대한 추상과 그리움이 자신을 돌이키게 한다. 시인의 시집 3부와 4부에서도 이러한 문제에 깊은 회상과 간절함을 보여주는 「정년」 「귀로」 「길 (1)」 「길 (2)」 「자문자답」 「흰 머리털」

「풍경」등이 있다. 이러한 작품에서는 현재의 자신으로 돌아와 과거 현재 미래를 엿보는 시인을 볼 수 있다. 다음의 작품은 자신을 돌아보게 하는 숙연한 작품이다.

이제는 그만 돌아서고 싶다
가던 길 멈출 수 없다니
접어든 길이나 살펴보며 가고 싶다.

저만큼 산이 보이니
물은 분명 있을게고
양손에 든 것 없이
꺾은 꽃도 죄다 버리고
내가 심었던 난蘭이나 기르며
난 뿌리 같은 길이나 잡아야겠다.

버린 것 돌아보며
배운 것 되뇌이며
에워싼 산속에
소리 없이 들려오는 말씀이나 새기며

즐거운 뜻이나
섭섭한 뜻을 헤아려
꽃이 피고 지는 길을

맨발로 딛고 가야겠다.

퇴근 때 밤이 두려워
닫아본 창문窓門을
출근길에 닫으며
돌아서고 싶다.

작품 「길 (1)」에서 인생을 회상하는 자신으로 돌아와 현실에 서 있는 시인 서영수를 만날 수 있다. 무척 정숙해지는 현재 앞에 머물게 되며, 숙연해지는 지난날의 언저리를 되돌아보게 하는 작품이다.

세월의 흐름은 모든 인간에게 필연으로 오는 과정이니 그 과정이 일생이라는 삶의 모습 속에서 현재와 미래와 과거를 반성하고, 그리움과 즐거움과 욕됨을 되새김질하는 과정에서 또다시 인생의 긴 흐름을 자신으로 돌이키는 것이다.

시인의 작품 첫 연에 '이제는 그만 돌아서고 싶다 / 가던 길 멈출 수 없다니 / 접어든 길이나 살펴보며 가고 싶다.' 현재와 과거와 미래를 현재라는 시점에서 자신으로 돌아와 있다. 바라보이는 '저만큼 산' 은 가야 될 산이거늘 '소리 없이 들려오는 말씀이나 새기며' '맨발로 딛고 가야겠다.' 는 시점이 된다. 다시 '퇴근 때 밤이 두려워 / 닫아본 교

문을 / 출근길에 닫으며 / 돌아서고 싶다.' 는 절실한 심성은 세월이라는 길 위에서 오랜 연륜을 되새김질하는 현재에 안주하고 싶은 것은 인간의 상정일까.

서영수 시인의 시작품에서 시인의 시적 감성은 무척 섬세하고 시어의 호소력은 물론 시적 이미지의 암시성은 많은 비유의 실상을 동반하여 준다. 그럼으로 시인의 시작품은 오늘날 한국 현대시의 맥락에서 볼 때, 전통적인 시맥을 유지하면서 시점의 명료성에 언어미학을 동반하고 있음은 서영수 시인만이 지닌 감각적인 감성이 크기 때문이라고 하겠다. (문학평론가, 시인, 전 동덕여대 교수)

서영수 약력

아호 東田

- 1937년 경북 경주에서 태어나 경주 중 · 고등학교를 거쳐 중앙대학교 (구 서라벌) 문예창작과를 나옴.
- 1955년 제2회 '학원 문학상' 수상 대구일보(56년) 영남일보(57년), 세계일보(64년), 신춘문예 시 당선 현대시학을 통해 박목월 추천으로 등단.
- 시집 「별과야학」(59년) , 「낮달」(79년), 「東田詩抄」(85년) 「경주하늘」(90년), 「선도산 일기」(94년), 「엊저녁 달빛」(97년) 「바람의 고향」(2010년), 등 상재
- '경북문화상' (86년), '금오대상' (88년), '금복예술상' (91년) '한국예술문화상' (91년), '경주시문화상' (92년) 수상. '국민훈장석류장 수훈(99년).
- 경상북도 문인협회장, 국제 펜클럽 경북 운영위원장을 지냄.
- 현재 한국문인협회 고문
  동리목월문학관 운영위원장
  한국예총 경주지회장

(주소) 경북 경주시 동천동 944-1 삼성APT 101-508호
010-2628-7082

서영수 시집
바람의 고향

초판인쇄 2011년 1월 5일
초판발행 2011년 1월 10일

지 은 이 서 영 수
발 행 인 서 정 환
편 집 인 백 시 종
주 간 채 문 수
편 집 장 김 정 례
편집차장 박 명 숙
편 집 권 은 경 김 미 림
펴 낸 곳 도서출판 계간문예
주 소 서울시 종로구 익선동 30-6 운현신화타워 207호
전 화 02) 3675-5633
등 록 2005년 3월 9일 제 300-2005-34호
e-mail qmyes@naver.com

ISBN 978-89-6554-013-7 (03810)
값 10,000원